CONSERVATEURS.

(Article extrait de la 114e livraison du DICTIONNAIRE DE LA CONVERSATION [10e du *Supplément*].)

PARIS.

AU BUREAU DU RÉPERTOIRE DES CONNAISSANCES USUELLES,

CHEZ GARNIER FRÈRES, LIBRAIRES,

PALAIS-ROYAL, PÉRISTYLE MONTPENSIER.

Comme l'ouvrage principal dont il est la *suite indispensable*, le SUPPLÉMENT au Dictionnaire de la Conversation, publié sous la direction du même rédacteur en chef, M. W. Duckett, et avec le concours de tous les savants et gens de lettres dont les noms figurent dans les 52 premiers volumes, paraît par livraisons de 240 à 250 pages. Deux livraisons forment un volume. Une livraison nouvelle est mise en vente tous les 20 à 25 jours.
Prix de chaque livraison : TROIS FRANCS.

St.-Denis. — Imp. de PREVOT ET DROUARD.

CONSERVATEURS.

C'est le nom donné aujourd'hui aux hommes politiques ou même aux simples citoyens qui se sont imposé le devoir de maintenir notre ordre social, fondé sur l'équilibre des trois pouvoirs constitutionnels, tel qu'il a été établi par la Chartre de 1830, avec la transmission héréditaire de la royauté dans la maison d'Orléans. Remontons au berceau du *parti conservateur*; ce sera chose facile; comme historique, elle a quelque importance.

Avant la révolution de juillet, la chambre des députés, celle des pairs même, mais en moindre nombre, renfermaient des hommes dévoués aux institutions nouvelles. Ceux-là ne voulaient pas rétrograder vers l'ancien régime, devenu une impossibilité depuis 1789; s'ils admettaient des supériorités, c'étaient les seules que la loi eût reconnues, ou qui dussent leur origine au talent et au travail. Leur grande, leur véritable majorité ne rêvait ni réaction ni bouleversement social. Certes, ils étaient animés d'un esprit de *conservation*, les députés qui votèrent pour l'adresse devenue le prétexte des fatales ordonnances de juillet; certes, les membres de la commission qui la rédigea (nous pouvons l'affirmer personnellement) n'avaient d'autre désir que de ramener le pouvoir royal à une ligne de droiture dont chaque jour de perfides conseils l'éloignaient; certes,

le digne président qui prononça, devant S. M. Charles X, des paroles aussi respectueuses qu'énergiques, avait donné des preuves non équivoques de dévoûment à la branche aînée des Bourbons! Maintenir ce qui était, tel était notre but à tous. Si le trône a péri dans une lutte que des mains imprudentes ont engagée, nous en sommes innnocents. Le relever et y asseoir celui-là même qui, au mépris de ses serments, avait brisé le pacte social, eût été une œuvre non-seulement téméraire, mais au-dessus des forces humaines, parce que, déjà ramené deux fois en France par l'étranger, le prince déchu n'avait rien fait pour s'y nationaliser; parce qu'il n'offrait à l'avenir aucune garantie; parce que ses opinions d'économie religieuse et politique étaient un contraste vivant avec celles du siècle; parce qu'un roi est sans sûreté dans une capitale qu'il a été obligé de fuir après l'avoir ensanglantée; parce qu'il ne peut plus régner qu'en recourant à des moyens de violence (1); parce que, abdiquât-il, la tutelle d'un enfant au berceau, et nécessairement mal entouré, était pleine d'orages auxquels le pays avait acquis le droit de se soustraire; parce qu'enfin, des points les plus éloignés, les dépar-

(1)......Regnabit sanguine multo,
Quisquis ad imperium venit ab exilio.
(Suetonius, in vita Tiberii).

tements faisaient marcher vers Paris une force armée destinée à se joindre à celle de la capitale, et que l'on ne pouvait prévoir ce qui sortirait de cette explosion de colères réunies.

Ceux qui parlent aujourd'hui à leur aise de barrière à opposer à de pareilles masses ignorent combien sont frappés d'impuissance les efforts des hommes les mieux intentionnés, quand, par sa seule faute, le premier pouvoir de l'État est tombé sous les pavés du chef-lieu de son empire ! Le prince est la loi vivante, la loi agissante ; tout magistrat tient de lui sa force morale ; toute justice relève de la sienne ; dès qu'il est descendu à l'état de lettre morte, qui prendra la parole en son nom ? qui sera écouté ? personne !

L'incendie était flagrant ; il marchait avec la rapidité de la foudre ; il fallait faire la part au feu, car l'ordre social était à sauver, peut-être même en Europe. La France demandait aussi à être préservée de l'irruption de l'étranger, irruption dont une prolongation d'anarchie, conséquence presque inévitable de toute victoire remportée sur un roi, eût été probablement le signal.

Un homme s'est rencontré, dont la sagesse, la force d'âme, la haute moralité, la naissance auguste, la famille florissante, et les immenses domaines, devenaient un gage de sécurité pour le continent européen. Il est vrai que, s'il n'acceptait la position que lui faisait le vœu national, joint à la force des choses, il ne lui restait qu'à s'expatrier avec ceux dont les torts multipliés amassaient un trésor de calamités sur la France. Innocent de ces torts, pourquoi en aurait-il porté la peine ? Qui eût eu le droit de lui imposer un troisième exil ? La nation n'était-elle pas heureuse de l'avoir sous la main après une grande commotion politique, et de pouvoir dire aux étrangers en le leur présentant : « Vous le voyez, nous ne voulons « être en guerre avec personne ; le carac-« tère du chef que nous avons choisi vous le « prouve ; mais nous entendons également « maintenir nos droits en tant que peuple, « et nous saurons les défendre. Si vous les « respectez, le volcan qui vient de touner « se taira ; si vous ne les reconnaissez pas,

« le cratère est prêt à se rouvrir, et souve-« nez-vous de la lave ! »

En effet, plutôt que de subir une nouvelle invasion, la France eût eu recours à tous les moyens que peut-être le malheur des temps a mis en sa puissance. Les outres d'Éole sont entre ses mains ; elle ne l'ignore pas, et il n'eût dépendu que d'elle de déchaîner des tempêtes. L'urgence d'une décision se faisait sentir ; il importait de prendre une attitude aux yeux de l'Europe et de la France elle-même, dont il ne fallait pas que la pensée fût errante dans le vague des suppositions, toujours favorable aux agitateurs. Voilà pourquoi le député qui trace ces lignes fut du petit nombre de ceux qui, rassemblés spontanément dans leur salle provisoire, se hâtèrent de prendre un parti définitif le 30 juillet 1830, et qui crurent qu'une convocation immédiate des collèges électoraux, ou de toute autre réunion populaire, eût été non-seulement intempestive, mais une faute capitale, grosse de responsabilité envers leur patrie.

Un autre motif ne laissa pas d'exercer une influence sur leur détermination. Des bruits sinistres circulaient déjà dans Paris. Dès le même soir, dans certains conciliabules étrangers à la chambre, se produisaient des insinuations faites pour inquiéter sur les suites d'un succès que l'on s'apprêtait à transformer, sinon en révolution sociale, au moins en prélude d'inauguration républicaine. On voulait une expérience de quelques semaines, un essai de gouvernement américain, ne fût-ce que pendant un trimestre. Sur les débris du trône, des mains officieuses ne demandaient qu'à dresser un fauteuil de président temporaire, dont sans doute on se fût bientôt débarrassé. Çà et là se rencontraient des jeunes gens, aux passions ardentes desquels on avait promis ce nouvel aliment, et des légitimistes qui, commençant à sortir de leur stupeur, au défaut de drapeau blanc qu'il n'eussent osé relever, arboraient celui de la souveraineté du peuple en permanence. C'est au nom de cette souveraineté que, le lendemain, 31 juillet, en notre présence, à l'Hôtel-de-Ville, des paroles menaçantes étaient adressées au lieutenant-général, qui y répondit avec non moins de fermeté que de noblesse. Trois jours plus tard, ce fut avec le même ton arrogant qu'on interpellait, dans les conloirs de la chambre élective, les dix-huit députés nommés pour la révision de la Charte. A cette occasion, nous ne saurions oublier que M. Augustin Perrier, après avoir été ainsi accosté par des individus à la parole hautaine, venant de rencontrer M. de Lafayette, lui exprima, devant nous, son vif mécontentement, et lui demanda si les mandataires du pays avaient à recevoir la loi de quelques rêveurs républicains ? Lui supposant un certain pouvoir sur cette jeunesse indisciplinée, il l'invita ensuite à garantir plus de liberté à nos délibérations. Dès le lendemain matin, le général fit afficher, sur le pourtour extérieur de la chambre, un avis qui, en termes très convenables, s'adressait aux élèves des diverses écoles.

Nous ajouterons qu'en mémoire de l'adresse des 221, à laquelle la pensée publique se ralliait par continuation, une médaille avait été commandée au graveur Caunois, pour être distribuée aux députés dont le vote était connu; mais que les coins, à peine terminés, furent payés et retirés des mains de l'artiste, sans qu'une seule empreinte, excepté celle que nous possédons, ait vu le jour. Qui, pour le faire disparaître, disposa ainsi de cet objet monumental ? Qui solda précipitamment le prix du travail ! Nous l'ignorons. Toujours est-il certain que quelques hommes qui n'étaient pas sans influence étaient peu satisfaits de ce qui était accompli; qu'ils eussent voulu aller au delà, qu'ils se le proposent encore, et que l'occasion leur en a été enlevée par la sage promptitude avec laquelle les quarante députés signèrent l'acte de nomination du lieutenant-général du royaume, c'est sur quoi les conjectures ne peuvent varier.

Chose encore assez remarquable! cet autographe, remis au duc d'Orléans le 30 juillet au soir, disparut de son cabinet sans qu'on pût le retrouver le lendemain matin. Fut-il porté à Saint-Cloud, où le roi Charles X résidait encore avec 14,000 hommes de troupes régulières, et 38 pièces de canon ? Cela est possible. En ce cas, les députés signataires ne pouvaient être argués *de*

peur, ainsi que l'a dit dans le présent recueil l'auteur de l'article sur le 7 août 1830 (1). La résolution forte et décisive à laquelle ils s'arrêtèrent ne les dispensait pas de prévoir que le retour très possible du monarque parjure dans sa capitale leur serait funeste. Certes alors ils eussent été les premières victimes de la raison d'État, puisque nommer un lieutenant-général, par le fait c'était nommer un roi. La soustraction de l'acte précité fut tellement réelle que plus tard Louis-Philippe, après en avoir jugé le dépôt nécessaire dans les archives de la couronne, conformément à l'imprimé dont il a été retrouvé un exemplaire, en a fait dresser une copie littérale, sur la minute de laquelle les signataires primitifs ont apposé leurs noms pour la seconde fois.

Il appartenait aux continuateurs des 221 et aux partisans d'une monarchie constitutionnelle, dont le roi Louis-Philippe est la dernière expression possible en France, il leur appartenait, disons-nous, d'entrer franchement dans un système de *conservation*, hors duquel le pays eût été bientôt réduit à un état de ruines. Tout fut donc sanctionné, et un gouvernement de deux jours fonctionna, sinon avec une régularité parfaite, au moins avec un assentiment qui déconcerta beaucoup de mauvais projets. Certes, on n'eût pu attendre un aussi heureux effet d'un appel aux assemblées primaires ou aux colléges électoraux, convoqués déjà quelques semaines auparavant. Ce que demande M. de Cormenin, ce qu'ont demandé après lui plusieurs journaux devenus formalistes, n'eût amené qu'une grande perturbation sociale. Elle eût donné le temps aux légitimistes de se rallier, aux républicains de se livrer à leurs essais auxquels ils ne procèdent jamais de main morte, à tous de s'entendre, comme ils le font aujourd'hui avec un moindre péril pour la chose publique. Cette convocation, à coup sûr, dans certaines contrées fort inflammables, eût été un signal de guerre civile. Une immense majorité se fût prononcée pour la branche d'Orléans, nous n'en doutons pas. Mais les dissidences, presque consacrées par un vote public,

(1) Voyez, tome LIV, page 63, l'article Août 1830 (Journée du 7), signé Timon.

n'auraient-elles pas laissé des traces funestes ? celles-ci n'existeraient-elles pas encore ?

Quelle eût été l'attitude des étrangers dans cet intervalle de temps ? M. de Cormenin a-t-il leur secret ? Nous le dira-t-il ? Lui ont-ils affirmé qu'ils se fussent bornés à nous regarder en simples amateurs d'émotions politiques, très disposés à nous honorer de leurs applaudissements quand la pièce eût été jouée ? Ne voyant pas un ordre régulier établi en France, n'y apercevant le pouvoir nulle part, et trouvant l'anarchie partout, n'eussent-ils pas cru de leur devoir d'arrêter un incendie qui, en les atteignant, eut mis leur propre existence en problème ? Les mouvements révolutionnaires d'un pays sur le continent de notre Europe ont cela de particulier qu'ils sont toujours contagieux pour les pays voisins. Les cabinets ne pouvaient avoir perdu le souvenir de ce qui leur advint de 1790 à 1796. Leur ligne était tracée par des précédents ; elle était, pour ainsi parler, impérative, à moins qu'on ne les supposât en démence. D'ailleurs, pourquoi oublier que le gouvernement de Charles X nous avait laissés sans armée et sans places fortes ? ce qui rendait une troisième invasion aussi facile que les précédentes. Ne fallait-il pas du temps, après la lutte dont nous sortions, pour ranimer l'esprit militaire et pour armer les forts presque tous démantelés ?

Oui, nous nous sommes pressés, et nous avons dû le faire, ne fût-ce que pour nous préserver d'un joug honteux ou d'une situation convulsive indéfiniment prolongée ! A titre de *conservateurs*, nous acceptons le reproche du député auteur de l'article sur le 7 août 1830 ; et au même titre nous espérons le mériter encore. Cependant, nous n'aurons garde de dissimuler la plus grave de ses objections relativement à la nomination d'un lieutenant-général et d'un roi. Nous la citerons textuellement pour y répondre d'une manière péremptoire.

« Certes, dit-il, ceux qui se sont livrés à « une pareille énormité auraient été très « embarrassés d'expliquer la validité de leur « propre mandat, l'étendue de leurs pou- « voirs constituants, et la collation virtuelle « d'un droit qu'ils n'avaient pas eux-mê- « mes. Car, de qui le tenaient-ils ? Des élec- « teurs ? mais comment les électeurs possé- « daient-ils ce droit ? Du peuple ! mais dans « quelle forme le peuple l'avait-il délé- « gué ? etc. »

Nous ne suivrons pas plus loin l'argumentateur dans une discussion de métaphysique électorale et politique. Nous nous bornerons à lui répondre que les quarante députés du 30 juillet, réunis le lendemain à l'Hôtel-de-Ville aux quarante-neuf nouvellement survenus, ont inauguré un lieutenant-général du royaume du droit que les gens de cœur auront toujours, au milieu des grands et justes ressentiments d'un peuple, d'intervenir à leurs risques et périls, et de s'interposer entre les partis prêts à livrer leur pays au glaive de l'étranger ou aux discordes civiles. Nous lui répondrons que, sept jours plus tard, la chambre élective, presqu'au complet, a intronisé le même prince du droit d'une initiative qu'on ne lui a si violemment contestée qu'après coup ! Nous lui dirons enfin qu'elle s'est livrée à cet acte de puissance du droit de conserver sa nationalité, imposé à tout peuple qui voit son gouvernement lui faire défaut.

Lorsque, dans une bataille, la mort du général prive l'armée d'une direction nécessaire à son salut, on ne s'amuse pas à convoquer les régiments par compagnies pour cette élection, encore moins s'adresse-t-on au ministre de la guerre pour lui demander officiellement un nouveau chef, mais un petit nombre de braves le nomment et lui défèrent le commandement ; ce n'est pas même toujours dans les rangs hiérarchiques qu'on le choisit. Ainsi, Moreau, simple volontaire dans l'armée sous les ordres du général Joubert, et qui n'y exerçait aucune autorité, après la mort de celui-ci, se trouva tout à coup investi du suprême pouvoir, et je ne sache pas qu'on lui ait demandé de quel droit, par de savantes manœuvres, il avait conservé quarante mille hommes à son pays ? Faites l'application : fin de juillet, il y a eu une bataille injuste livrée au peuple par le dépositaire de la force publique ; il y a eu des morts et des blessés ; un roi, crédule, victime d'une cabale anti-nationale, y a succombé : pour imposer silence aux factions, il fallait se hâter d'en nommer un autre, car songer à une régence eût été une folie qui n'eût contenté personne. Quelques hommes énergiques ont désigné un prince vers lequel tous les regards étaient déjà dirigés; le succès a répondu à leur attente; l'étranger est resté calme, mais dans une attitude d'observation; quatre législatures ont applaudi au choix fait, sans qu'il s'élevât la moindre opposition; elles ont tout approuvé, tout ratifié. Pourtant, si ces quarante citoyens, au moins quelque peu hardis, s'étaient abusés, bien certainement la nation, par sa force vive ou par sa force d'inertie, eût brisé le trône dressé sans son aveu; mais il n'en a rien été, et le parti *conservateur*, applaudi du peuple, à travers quinze ans de petites perfidies et de tentatives tantôt folles, tantôt conçues avec une audace criminelle, a maintenu le pacte social! C'est que ses fondateurs n'ont fait que pourvoir à un besoin, c'est qu'ils ont été, en temps opportun, les organes bien avisés de la pensée publique, et qu'ils ont été, peut-être même à leur propre insu, les agents d'une nécessité providentielle.

Dès que celle-ci a été satisfaite, dès qu'il n'y a plus eu de vacance au trône, les périls du dedans et du dehors ont cessé d'être menaçants; mais les partis ne désarment pas si vite; la révolution d'Angleterre en fait foi. Ils doivent longtemps s'agiter parmi nous, et, par là, rendre indispensable l'esprit de conservation, dont la grande majorité de nos deux chambres se montre animée depuis 1830. Dans cette tâche, le bon sens public lui est venu en aide avec un merveilleux instinct : eh! pourquoi cet instinct manquerait-il aux sociétés humaines, quand Dieu l'accorde, en quantité suffisante, à ses créatures les plus infimes? toute existence organique, toute vie tend à se conserver ici-bas. Les peuples seraient bien malheureux, s'ils n'écoutaient pas, au moins quequefois, ces avis presque divins qui surgissent du sein des évènements destinés à occuper une place mémorable dans leurs annales.

Au reste, pour les sociétés où, après de longs troubles, beaucoup de gens sont mécontents de leur position, il est des questions de vie ou de mort qu'il ne faut jeter que très discrètement au milieu des assemblées délibérantes. Dès que vous avez la certitude que l'initiative à prendre est conforme au vœu public, il y aurait lâcheté ou imprudence à ne pas charger votre responsabilité d'une décision qui épargnera de nouvelles crises à votre patrie. Le duc d'Orléans a été porté au trône par des mandataires élus sous le règne même du prince qui avait rendu sa race impossible : en ce moment solennel, la France n'en a reçu aucun ébranlement de quelque gravité ; au contraire, le peuple a félicité ses représentants d'une détermination à laquelle il s'attendait. Mais si vous aviez crié, d'un bout de l'empire à l'autre, que vous aviez un roi à nommer, et que des assemblées électorales (nous ne savons en vertu de quel pouvoir et par qui) étaient convoquées, croyez-vous que le pays eût conservé la même attitude? croyez-vous que les passions, surexcitées en divers sens, ne fussent pas venues aux prises et n'eussent pas exercé leur influence sur le choix des hommes chargés d'un mandat aussi important? quelques-uns s'en fussent certainement prévalus pour jouer un rôle, d'autres pour méconnaître le vœu de leurs commettants. Cela ne s'est-il pas vu plus d'une fois? quelque mérite que l'on accorde à l'assemblée constituante de 1789, sortie certainement d'une moindre agitation, nous sommes forcés de convenir qu'oublieuse de ses cahiers de charges, elle a outre-passé trop souvent ses pouvoirs, surtout en laissant après elle un trône sans défense, après avoir abattu tous les appuis qui, à titre de contre-poids, faisaient sa force. L'assemblée législative poursuivit l'œuvre, reçut son roi prisonnier au 10 août, n'eut pas le courage de le juger, et en chargea une convention ; la sentence était facile à prévoir. Qui sait si, rassemblés chez nous, immédiatement après les journées de juillet, qui, avec tant de motifs, exaspérèrent les esprits, les colléges électoraux, moins le sang, ne nous eussent pas donné la pâle contre-épreuve d'une convention? qui sait si, alarmées par des dissertations plus ou moins hardies, plus ou moins nébuleuses sur les pouvoirs de la royauté et des peuples, les puissances étrangères lui eussent laissé le temps de s'entendre avec elle-même? la France avait une chambre toute patriotique, toute formée dans le simple sentiment d'une résistance légale: c'était assez, elle a suffi à tout. Le contester, c'est fermer les yeux à la lumière.

Les *conservateurs*, quand ils ont à répondre au parti légitimiste, peuvent donc lui dire qu'il n'y a pas de royauté en Europe dont l'origine soit plus noble, plus belle et plus pure que celle du trône sur lequel est assise la famille d'Orléans.

Quand le parlement d'Angleterre a eu besoin de se faire *conservateur* pendant trois quarts de siècle, c'est-à-dire jusqu'après la bataille de Culloden, ne nous étonnons pas que le nôtre lutte, depuis quinze ans, contre les partisans de la branche déchue; contre des ambitieux auxquels on ne pouvait donner en pâture, une seconde ou une troisième fois, la France; contre des utopistes qui ne se voient pas marcher à l'anarchie; contre des hommes qui, avec un langage de dévoûment à leur pays, doivent toute leur éloquence à une soif inextinguible de jouissances sensuelles, et enfin contre des apôtres d'égalité, qui, dans leurs communes, font de l'aristocratie à trois lieues à la ronde; ce qui ne met personne en colère, car le temps est passé de se fâcher de pareilles choses; en rire est ce qu'il y a de plus raisonnable. Cependant, de ce pêle-mêle (car le mécontentement ralliera toujours les prétentions les plus diverses) est issu un mauvais esprit dans quelques localités. La haine des institutions fondées est descendue jusqu'au crime; des tentatives d'assassinat se sont multipliées contre la personne du chef de la dynastie; des militaires inoffensifs ont été égorgés en plein jour dans les corps-de-garde; les attentats des 5 et 6 juin, des 13 et 14 avril suivant, et plusieurs autres, ont trouvé le parti *conservateur* à son poste. La justice du pays n'était pas suffisamment armée: les lois de septembre, proposées et soutenues avec autant de courage que de talent

par M. Thiers, y ont pourvu. Vainement quelques orateurs à vue courte, ou sachant trop bien ce qu'ils veulent, ne cessent d'en invoquer l'abrogation. Jusqu'à ce que les passions soient amorties chez nous et certaines espérances mises au néant, ces lois doivent être maintenues comme le palladium de l'ordre public, même dans un intérêt de liberté; elles existent actuellement sans être appliquées, et c'est là justement ce qui en atteste l'efficacité; de nécessaires, elles ont fini par être préventives et comminatoires: effacées aujourd'hui du code criminel, elles redeviendraient demain nécessaires.

Ce n'est pas le seul bienfait dont la société soit redevable au même homme d'État; nous sommes loin de partager toutes ses opinions, encore moins celles de tous ceux qui marchent à sa suite, et que, rentré dans le pouvoir, il se croirait en vain capable d'assujétir à une discipline; mais il y aurait de l'ingratitude à oublier que la monarchie de juillet lui doit trois des actes les plus réels de *conservation* dont elle ait recueilli le fruit depuis quinze années révolues.

Le premier en date est la loi des cent millions pour l'achèvement des monuments, des édifices nationaux, des canaux et des routes stratégiques. M. Thiers osa demander cette somme énorme à une chambre parcimonieuse, qui se frottait les mains de joie quand, au préjudice des services, elle enlevait quelques milliers de francs à la loi des dépenses: et il les obtint! Certes, ce fut un grand succès, non sous le rapport de l'argent accordé; mais c'est que, derrière ces cent millions, il y avait autre chose que des moellons et des marbres à remuer, qu'une capitale à embellir, que des communications à ouvrir dans des contrées jusquelà abordables à la seule guerre civile! Oui, dans la loi, il y avait quelque chose de mieux que tout cela, et c'était du pain et du travail assurés pour quatre ans à la classe ouvrière, à cette classe qui se mêle toujours aux révolutions commencées sans elle, mais qui les commence souvent quand elle est misérable.

Le troisième acte, auquel les *conservateurs* ont été associés par M. Thiers, et dans lequel il a entraîné une partie notable de l'opposition de la chambre élective, n'est pas moins mémorable. Ne lui doit-on pas les fortifications de Paris, qui s'achèvent de manière à mériter également l'inquiétude et l'admiration des étrangers dont nous recevons les visites ? certes, cela vaut bien une note diplomatique. Deux fois envahie, deux fois notre capitale a vu renverser le gouvernement duquel elle devait compte à la France. A son tour, la France a compris qu'un dépositaire sans armes et sans clôtures est réduit à un état d'impuissance : aussi elle a donné à son Paris deux lignes de défense, entre lesquelles l'ennemi n'osera pas se hasarder, n'ayant plus l'espoir d'un coup de main qui ne laisserait pas aux forces vives et nationales le temps de se réunir. Les fortifications seront donc sans emploi, nous sera-t-il dit ? C'est justement ce que nous voulions ! il nous importait, en effet, quelque peu d'être ou non exposés à subir une troisième invasion ! Voyez si un seul légitimiste a voté pour la loi : vous la jugerez ensuite !

Encore deux mots sur cet objet, car ils sont nécessaires. Derrière l'enceinte fortifiée, derrière les forts détachés, on a vu, on persiste à voir tout un système de tyrannie prêt à éclore ; on a prétendu que, de ces derniers, un despote ferait bombarder à plaisir ses propres sujets : on sait cependant ce qu'il en a coûté à Charles X pour avoir commis une partie de l'armée avec de simples citoyens. On s'est rabattu sur l'enceinte fortifiée, et l'on a dit que, foulant aux pieds la constitution ; que, brisant les chambres et les presses, un roi qui voudrait établir le régime du pouvoir absolu tiendrait, entre les remparts de Paris, toute une population embastillée, et qu'après en avoir fermé les portes, il ne lui resterait plus qu'à choisir des victimes : ce n'était rien moins qu'Ulysse et ses compagnons dans l'antre de Polyphème. C'est pourtant avec de pareilles fables et avec des pamphlets de deux fous, jetés à la tête du peuple sous l'autorité de noms d'ailleurs recommandables, qu'on a créé une guerre sourde entre des masses de citoyens abusés et le gouvernement de leur pays ! Bon Dieu !

ceux qui écrivent ces choses, si tant est qu'ils puissent les laisser tomber sérieusement de leur plume, ont-ils donc oublié qu'il n'a fallu à M. de Robespierre qu'un pauvre mur d'octroi pour arrêter dans Paris et mettre sous la main des bourreaux tous les hommes dévoués à la mort par sa haine ou son ambition. Après le 10 août, quand la capitale fut terrifiée par les sinistres journées de septembre, ayant notre passe-port dans la poche, pendant deux longues semaines nous ne pûmes en faire usage ; la barrière de l'octroi était infranchissable, et nous eûmes jusqu'à notre départ à subir, par nuit, deux ou trois visites domiciliaires. Vous voyez qu'un tyran, pour s'assurer des têtes, si les citoyens avaient encore la bonté de le laisser faire, n'aurait pas besoin d'une enceinte fortifiée. Au reste, les murailles nouvelles, qui deviendront probablement la limite des perceptions de l'octroi, accroissent d'un grand tiers le diamètre de Paris : par conséquent, c'est une sûreté de plus donnée aux libertés publiques et individuelles. En maintenant la loi, objet de tant de criailleries, les *conservateurs* ont encouru une sorte d'impopularité ; mais la patrie, la vraie patrie, celle qui n'est ni à Goritz ni dans les estaminets, leur en tiendra compte.

Les grands périls, grâce à Dieu, sont passés ou indéfiniment éloignés ; une active surveillance ne laisse pas d'être encore un devoir. Baltus, les partis ne font jamais que s'ajourner, ils attendent des occasions ; et, s'il se présente une fissure dans l'arbre constitutionnel, ils y enfoncent bientôt leurs coins destructifs : par le temps qui court, ne faut-il pas continuer à se tenir en garde contre des niveleurs qui n'ont rien à perdre, et même contre des idées généreuses auxquelles on ne cesse de donner une fausse direction ? Nous l'avouons avec douleur : une notable partie de la jeunesse des écoles est égarée ; son opposition irréfléchie frappe haut, et, en cela, elle ne s'aperçoit pas qu'elle devient instrument sans le savoir. Elle oublie que, depuis quatorze ans, tous les hommes de talent et surtout de courage qui ont paru dans les divers ministères ont été les objets d'attaques violentes dont le vrai but était le renversement de la monarchie nouvelle. Qui a été traité plus indignement que Casimir Périer, homme de force et de résolution? Au même titre, M. Persil, également conservateur, n'a-t-il pas été mis au ban de l'opinion prétendue libérale? M. Molé, véritable homme d'État, a-t-il échappé aux outrages? M. Thiers lui-même, lorsqu'il a dressé d'une main ferme la barrière contre laquelle l'anarchie est venue se briser, a été poursuivi avec une violence qui lâchement a fait irruption dans l'intérieur de sa vie domestique. La loi si sagement prévoyante de la régence, loi en partie son ouvrage, ne l'a-t-elle pas exposé aux mêmes clameurs? Maintenant, des adversaires plus hostiles encore s'en prennent au premier orateur du siècle : à sa parole puissante, ils n'opposent rien moins que des paroles de mort! Lui en voudrait-on personnellement? nous ne le croyons pas; mais on en fait presque un Polignac, pour que les coups, avec une apparence de motifs, aient une plus haute portée.

M. Guizot possède une énergie de caractère soutenue d'une grande élévation de talent : c'est un crime! sa dialectique rigoureuse perce à jour de mauvais projets, crime encore plus irrémissible! En défendant les droits de son pays, il a l'audace de prétendre et de prouver que l'on doit respecter ceux des autres nations : on ne le lui pardonne pas! Après avoir géré les plus éminents emplois publics, chargé qu'il est de famille, il est resté pauvre : on s'en fâche! il a des mœurs : c'est un tort de plus qu'on flétrira du nom de puritanisme! De la coalition à laquelle il prit part, on en parle peu et pour cause : c'est pourtant la seule tache que nous découvrions dans une si belle et si noble vie! Il est bien temps que la jeunesse française, ouvrant les yeux, cesse d'être dupe de quelques intrigants que M. Odilon-Barrot, malgré un mérite auquel nous aimons à rendre hommage, trouverait parmi ses ennemis, s'il arrivait demain au pouvoir. Vingt-quatre heures ne seraient pas écoulées qu'il serait accusé d'être un transfuge et de manquer de loyauté; les devoirs de sa position nouvelle,

comme sa probité, nous en répondent.

L'heure de la justice, non telle que la font les partis, mais telle que la raison humaine en conserve le type sacré, doit enfin sonner pour tous; il y aurait honte à flétrir par continuation les gloires du pays; il y aurait démence à frapper l'homme qui ne consent pas à immoler la morale du genre humain à l'intérêt douteux du jour, et la liberté à l'anarchie. La cause de la révolution de juillet 1830 est déjà jugée par l'histoire à l'avantage de notre honneur national : craignons qu'un esprit de sédition, en remplaçant la vertueuse résistance qui en assura le succès, n'oblige la postérité de l'Europe à casser cet arrêt. C'est une réflexion que nous offrons à la méditation des jeunes gens qui nous lisent. Nous avons eu jadis quelque influence sur ceux qui les ont précédés dans la carrière des études; ils ont cru à notre bonne foi; ils nous ont secondé de leurs vœux et de leur présence, quand nous avons défendu, devant la justice impartiale du pays, les conquêtes du peuple sur le privilége; époque assez critique, où elles avaient pour adversaires plusieurs des hommes en face desquels nous nous trouvons encore aujourd'hui! Nos sentiments n'ont pas varié : si les droits que nos faibles, mais longs efforts, ont contribué à maintenir, étaient attaqués derechef, nous nous lèverions une troisième fois avec nos amis pour la même cause, car le vieux sang breton qui coule dans nos veines n'est pas refroidi. Le péril que courent les libertés publiques a changé de nature : c'est actuellement celui de l'exagération, et c'est aussi pourquoi la France s'est mise sous la garde d'un parti *conservateur*.

Ce parti ne veut pas reculer dans le passé comme on l'en accuse : il se borne à ne pas vouloir compromettre le présent. Oui, le présent, qui, bien qu'on en dise, n'est pas frappé de malédiction, car il n'est pas de contrée en Europe où le citoyen jouisse plus largement qu'en France du libre exercice de ses facultés naturelles et acquises. Faites de l'économie politique comparée, faites de la statistique comparée depuis le cap Finistère jusqu'à la Sibérie, sans excepter les îles Britanniques, où hier encore l'oligarchie anglaise violait le secret des lettres, et prononcez en connaissance de cause ! A dire vrai, chez nous, le parti *conservateur*, quand on lui parle de progrès, se défie ; il examine, et à bon droit, car, entre ceux qui ont sans cesse ce mot à la bouche, il en est qui ont eu longtemps dans le cœur la haine de nos institutions, et d'autres qui auraient quelque intérêt à les renverser.

Nous ne parlerons pas de l'effet que doivent produire sur des lecteurs peu éclairés, et par cela même plus susceptibles d'impression, les attaques incessantes de divers journaux reconnus par leurs éditeurs pour dévoués à un prétendant ; de certains autres où s'infiltre, d'une manière légèrement déguisée, la doctrine du saint-simonisme, quand ils n'arborent pas un drapeau républicain ; et enfin de ceux qui, appartenant spécialement à l'opposition et ne se bornant pas à harceler les ministères, quels qu'ils soient, attendent qu'une détermination quelconque soit prise par le gouvernement pour la combattre. Ceci rentre dans le jeu légitime, bien que parfois peu loyal, d'un gouvernement constitutionnel. On prétend que le système parlementaire ne saurait fonctionner qu'à ces conditions ; il faut donc s'y résigner. Mais, sous un voile toujours diaphane, faire remonter jusqu'au chef de l'État les torts vrais ou supposés dont on prétend avoir à se plaindre ; lui reprocher d'acheter honteusement la paix aux dépens de l'honneur national, lui qui jette ses fils au milieu des hasards de la guerre la plus périlleuse ; l'accuser de parcimonie et de cupidité, quand, avec la maison royale la plus nombreuse de l'Europe et une liste civile réduite des deux tiers comparativement à celle de Charles X, il embellit les résidences tombées dans le domaine de la couronne, il multiplie des commandes en faveur des artistes, il envoie partout des secours aux incendiés et aux inondés, il couvre les murailles de tableaux et peuple les jardins publics de statues, c'est plus que de la malveillance, c'est de la mauvaise foi ! Depuis quinze années, cette tactique est suivie, sans qu'on puisse alléguer, de sa part, un seul acte inconstitutionnel. Il y a merveille qu'un pouvoir naissant n'ait pas succombé sous tant d'attaques, au nombre desquelles nous ne comprendrons pas les attentats provoqués peut-être par tant de calomnies ! Si le trône est encore debout, c'est que l'âme de celui que la volonté du peuple y a assis est solidement trempée ; c'est que ses épaules portent une des plus fortes têtes qui se soient jamais rencontrées dans les cabinets de l'Europe ; c'est aussi qu'au sein de nos deux chambres législatives, il s'est formé un parti *conservateur* qui a eu le bon sens d'opposer une résistance systématique à une continuité d'attaques systématiques.

Avant de poser la plume, nous pensons devoir reporter nos réflexions sur un fait qui nous préoccupe beaucoup, et qui est, à notre avis, la plaie la plus inquiétante du moment présent. Un esprit de sédition a soufflé sur la jeunesse des écoles, entraînée dans des haines politiques avant l'âge où les haines se raisonnent. L'ambition qui aspire au pouvoir dont elle ne saurait user, la cupidité qui veut jouir sans travail, l'envie qui s'irrite à la vue des fortunes nouvelles et le scepticisme en matière religieuse, bouleversent des têtes de quinze à vingt ans, en assez grand nombre pour que l'ordre social en soit, par moments, compromis. Cet état de choses mérite l'attention des *conservateurs*, et dans la chambre des pairs ils ont saisi l'occasion de s'en occuper. Toutefois, le mal, issu des jours où nous vivons, ira s'amortissant à mesure que notre régime constitutionnel s'affermira sur ses bases. Dans ce qui se passe sous nos yeux, il y a, en effet, quelque chose de très naturel, et dont il ne faut pas trop s'alarmer.

L'ancien régime a vu souvent des hommes d'une condition minime s'élever par leurs talents ou par leur génie aux premiers emplois de l'État. Il n'en résultait guère de perturbation, et la société n'en souffrait aucune atteinte. Au contraire, elle se réjouissait, alors que ces brillants météores surgissaient d'un point obscur, pour éclairer de leur vive lumière l'horizon politique ou scientifique sur lequel ils étaient appelés à paraître. C'était même pour elle une manière de protester contre le privilége, et personne ne s'en alarmait. Il y aurait certainement injustice à fermer aujourd'hui, devant de beaux talents, des portes que la vieille monarchie ouvrait, sinon avec largesse, au moins avec l'assentiment général. Le malheur est que des fortunes nouvelles étant issues du sein de nos révolutions, sortes de mouvements intestins toujours signalés dans les annales des peuples par les enfantements du génie, quelques ambitieux pleins d'une suffisance que rien n'autorise s'efforcent de susciter des troubles dans leur pays, pour y surnager à leur tour et se saisir des situations éminentes qui provoquent leur cupidité. C'est alors que l'ordre public remis en question demande toute la vigilance du parti *conservateur ;* c'est alors aussi que l'administration doit se surveiller elle-même. Malheur à elle, si elle n'éconduit les intrigants qui la flattent, et si elle laisse tomber les emplois en des mains incapables ou suspectes ! On ne saurait croire, en effet, combien une nomination de pure faveur dans un poste de quelque importance nuit au pouvoir dont elle émane ! Les nullités oubliées entrent en colère et les adversaires qui visent à une destruction exploitent ce mécontentement suivi du mutisme des favorisés.

Pour ce qui est de cet esprit de résistance qui, des bancs scolaires, descend trop souvent jusque sous le toit paternel, de ces retours vers un système de république dont la génération précédente n'a que trop porté la peine, et de ce vague dans lequel, à la suite d'un cours de philosophie, le sentiment religieux de la jeunesse se promène sans se fixer nulle part, nous croyons que c'est un mal sérieux. L'attaquer de front serait difficile ; l'imputer à l'éducation universitaire serait injustice ; car, si elle y contribue, ce n'est que pour une faible part. Sur ce sujet, nous allons donner quelques conseils au *parti conservateur*.

L'homme est naturellement porté vers des pensées religieuses ; dès sa première enfance, il semble avoir reçu en partage l'instinct de son origine et de sa fin ; l'esprit peut douter, mais le cœur croit. Il faut reconnaître également qu'à cette époque de la vie, l'exemple est une force qui agit sur nous par contagion. En vain l'enfant aura reçu dans un collége l'instruction relative à son culte, si, au lieu de la fortifier au sein des foyers domestiques, on paraît n'y attacher qu'une médiocre importance. Or, nous le demandons à toutes les personnes de bonne foi, les chefs de famille suivent-ils chez eux les pratiques du christianisme ? Observent-ils (nous ne dirons pas jusqu'au scrupule) ses plus simples prescriptions ? Sanctifient-ils, par leur présence dans les temples, les jours consacrés à la mémoire de son divin fondateur ? Et, sous le toit paternel, la prière, ou au moins une pieuse lecture, rappelle-t-elle de temps en temps à des esprits recueillis qu'il y a pour toute créature humaine un maître à implorer, une Providence à bénir, et un avenir à assurer par les œuvres de la vie actuelle ? Hélas ! bien rarement le jeune homme rencontre chez ses parents les signes d'une conviction à laquelle ils voudraient l'associer ! Pourquoi se plaindraient-ils de l'affaiblissement en lui du sentiment religieux ? Tous les préceptes du prêtre instructeur, tous les commandements de l'Eglise tombent devant cette absence de foi qui se dissimule mal sous le toit commun. De quel droit, en effet, un père, une mère, prétendraient-ils qu'un enfant eût plus de religion qu'ils ne lui en montrent eux-mêmes ? Sous ce rapport, l'université avait une réponse assez sévère à faire aux reproches dont elle a été poursuivie ; et si, par discrétion, elle l'a épargnée aux familles, les murmures au moins deviennent déplacés. Ce genre de plainte était peut-être une manière de nous ramener les congrégations et les jésuites ; nous affirmons toutefois que toute leur adresse (et nous leur en connaissons beaucoup) blanchirait devant l'influence permanente de ce qui se passe au sein de la famille. Il serait superflu d'ajouter que l'oubli de l'autorité paternelle et le mépris de la vieillesse en sont les conséquences rigoureuses. Nous prions d'y songer tous ceux qui sont entrés dans la sainte mission de *conservateurs ;* alors ils cesseront au moins par leur silence d'être en contradiction avec eux-mêmes.

Nous ne saurions couvrir davantage de notre oubli les tendances républicaines et dès lors perturbatrices, remarquées dans la jeunesse. L'éducation que donnent les colléges y conduit jusqu'à un certain point, nous le croyons ; mais la faute n'en peut guère être imputée à des professeurs chargés d'un enseignement qui marche aujourd'hui entouré de périls dont il appartiendrait à une instruction supérieure de le dégager.

Expliquons-nous : dans notre vieille monarchie, le système de l'éducation publique reposait presqu'en totalité sur l'étude des langues grecque et latine. C'était par elles qu'on était sorti de la barbarie ; et deux peuples éteints semblaient rallumer leur flambeau pour éclairer devant nous la route oubliée de la civilisation. Comment ne pas en être reconnaissants ? Les plus grands écrivains et les plus grands artistes qui eussent paru sur la terre avaient appartenu à des républiques dont nous avons tous admiré les hauts faits dans notre enfance ; pourquoi la même admiration n'échaufferait-elle pas aujourd'hui de jeunes cœurs faits pour palpiter, comme les nôtres, sous l'impression d'un sentiment noble et généreux ? De quel droit leur interdire ce qui, relevant l'homme à ses propres yeux, le tire d'une vie grossièrement sensuelle, pour le mettre en harmonie avec le plan de la création où il est appelé à jouer le premier rôle ? De pareilles études nourrissaient et peuvent nourrir encore, dans les esprits, le goût du beau et de l'honnête ; les sacrifices désintéressés, les immolations d'un seul au bonheur de tous pourraient également jaillir de cette source. Le mal est que ce qui était sans inconvénients, il y a un demi-siècle, en renferme beaucoup aujourd'hui. Toutefois, le remède est sous la main, et il ne faut que savoir en user. Pour cela, il suffit de rentrer dans le vrai, et c'est ce que nous allons faire.

Jadis nous avons pris au mot ce que Platon, Aristote, Plutarque, Cicéron et les écrivains anciens, louangeurs de leurs pays jusqu'à l'hyperbole, nous ont transmis sur la forme de leurs gouvernements respectifs. Nous ne les avons pas même toujours bien compris. En effet, ces républiques avaient des conditions d'existence avec lesquelles il serait impossible de les faire revivre. D'abord, elles n'ont fleuri que dans les jours où elles ont été de véritables oligarchies, ce qui se prouverait à Athènes par l'administration de Thémistocles, de Périclès surtout, et de quelques illustres personnages bientôt renversés. Aussi, si Athènes a jeté un vif éclat sur un coin de terre très exigu, il n'est pas moins vrai qu'elle n'a eu qu'un éclair de durée. Trop populaire, sa constitution n'était pas viable. Ce que nous avançons s'applique bien mieux à Rome, dont l'organisme, plus solidement assis, a traversé des siècles de pouvoir. La raison, c'est que ce pouvoir était dans le sénat, c'est-à-dire dans une forte oligarchie. Tant que celle-ci n'a pas succombé sous l'accroissement en nombre et en puissance des tribuns, Rome a marché vers l'accomplissement des prédictions qui lui avaient promis l'empire du monde.

Second point capital : ces républiques et surtout celle de Sparte, qui n'était qu'un couvent de moines armés, n'ont vécu qu'à la faveur d'une institution renversée à jamais pour l'honneur de l'humanité. L'esclavage était à la fois pour elles un droit de la guerre et un besoin de leur existence. La vie du citoyen se passant sur l'*agora*, sur le *forum*, ou dans les camps, il fallait bien que des esclaves cultivassent les terres, fouillassent les mines, exerçassent les diverses professions manuelles, et s'acquittassent même des services domestiques, pendant que leurs maîtres se battaient ou délibéraient sur les affaires de l'Etat. C'était bien pis à Lacédémone ; l'ilote y était traité avec une cruauté qui aurait dû flétrir à jamais la féroce vertu des Spartiates.

Continuons à marquer les différences et par conséquent les impossibilités de régime entre les siècles anciens et le nôtre. Dans l'antiquité, le trésor public non-seulement fournissait aux frais des représentations théâtrales, il indemnisait encore le menu peuple du temps consacré à ces plaisirs, devenus ainsi que le pain une des nécessités de sa vie. Au défaut du fisc souvent épuisé, les immenses fortunes des Lucullus, des Métellus, des Crassus, des Antoine, satisfaisaient à cette soif sans cesse renaissante de plaisirs. Vous ne trouveriez pas aujourd'hui, en France, quinze citoyens dont le patrimoine ne fût bientôt englouti dans de pareilles largesses. Le travail est devenu la première condition de la prospérité des Etats, et le plaisir n'est qu'un délassement que chacun achette par ses économies ou par celles de ses pères.

Les images des Brutus, des Cassius et des deux Caton ont troublé le sommeil de bien des jeunes têtes, qui eussent reconnu le contre-sens dans lequel elles étaient tombées, si on leur eût appris quelle était la vraie pensée de ces fiers républicains. Voulaient-ils rétablir la liberté au profit du peuple et faire sa condition meilleure, quand ils ont assassiné César, qui rendait aux Romains le service de les gouverner, alors que, par leur corruption, ils étaient devenus incapables de se gouverner eux-mêmes? Mon Dieu, non! ils voulaient seulement ressusciter dans le sénat un pouvoir qu'ils regardaient comme leur bien propre. Leurs lettres confidentielles en font foi. Ce sénat, nous l'avons dit, fut pour Rome, par la continuité et l'unité de ses vues, un élément de grandeur. Mais supporterait-on aujourd'hui quelque chose de semblable dans notre France, qui a refusé l'hérédité à sa chambre des pairs? Le premier âge de la république romaine se présente avec des vertus, nous en convenons; on avouera aussi qu'elles ne sont ni de notre siècle ni admissibles au milieu de nos habitudes de luxe. Encore faut-il oublier que Caton l'Ancien vendait au marché ses esclaves devenus vieux et usés par le travail, que Caton d'Utique prêtait sa femme à ses amis, que des Gaulois étaient immolés chaque année à Mars, et que des gladiateurs couverts de sang expiraient sur l'arène du Cirque, pour le plaisir de ces bons républicains et de leurs tendres épouses.

Une dernière considération d'économie politique doit jeter son poids dans la balance dont nous soulevons les plateaux en ce moment. En Grèce, comme sur la terre du Latium, la machine gouvernementale était calculée pour le service d'une ville qui, dans sa médiocre étendue, était l'Etat lui-même. Aussi pouvait-elle fonctionner sans trop de frottement sous la main d'un aréopage, d'un sénat, de deux consuls ou de deux éphores. Athènes, Sparte, Rome elle-même dans les jours de sa grandeur, ne renfermaient guère que quarante mille citoyens, par lesquels une décision pouvait être prise instantanément, sans contrôle ultérieur. Mais aujourd'hui que notre seule capitale compte un million d'habitants, et que trente-trois autres millions se partagent entre quatre-vingt-cinq départements, qui ont aussi des droits civiques à exercer, il n'y a qu'une action forte et concentrée qui puisse maintenir ce vaste ensemble dans son harmonie. L'établissement, chez nous, d'un gouvernement fédératif en serait la dissolution. Londres est impunément le chef-lieu d'une oligarchie puissante; Paris ne saurait l'être; l'exiguité du territoire britannique, jointe à la grande richesse de ses lords, y favorise cette forme d'administration qui, au moment actuel, ne laisse pas d'avoir ses embarras. L'étendue de la France, au contraire, lui impose la nécessité d'une monarchie équilibrée par des pouvoirs revêtus d'un caractère national. Transformée demain en république démocratique, elle perdrait sa force de cohésion, qui est son premier titre au respect de l'Europe.

Si MM. les professeurs accompagnaient de pareilles réflexions l'étude de l'histoire ancienne et des écrivains qui y tiennent une place remarquable, le danger des fausses applications disparaîtrait bientôt. Ils entreraient par là dans le *parti conservateur*, ainsi que telle est sans doute leur intention; et leurs élèves pourraient admirer avec eux, en toute sûreté de conscience, les artistes, les orateurs, les historiens, les poètes et les grands hommes de l'antiquité. Où le passé aurait sa juste part, le présent serait sans inquiétude.

En notre qualité de *conservateur*, il nous reste à exprimer notre sentiment sur la philosophie actuellement enseignée dans les colléges royaux. Nous éprouvons le regret de ne pouvoir nous associer à l'approbation donnée sans réserve à cet enseignement par M. Thiers, dans son beau travail sur l'instruction secondaire! Il nous semblera toujours, non-seulement inutile, mais encore dangereux de promener de très jeunes élèves entre les opinions non moins divergentes que captieuses auxquelles se sont laissé entraîner les philosophes anciens et modernes. Ici le choix devient d'une extrême difficulté. Certainement les idées archétypes de Platon, les entéléchies et les dix catégories d'Aristote, la trinité alexandrine, mise en regard de la trinité chrétienne; l'absorption suivant Plotin de l'âme humaine dans l'essence divine; la vertu plastique parfaitement sage de Scaliger; en d'autres termes, le panthéisme de Spinosa, la vision en Dieu selon Malebranche de tout ce qui est saisissable par notre entendement, les monades de Leibnitz, le *critérium* de Kant et le doute universel de Berkley, peuvent avoir été l'occasion de très belles pages dans les controverses suscitées pour l'attaque ou pour la défense de ces nombreux systèmes. Mais nous craignons, avec trop de motifs, que le scepticisme ne marche à la suite de pareilles études. Platon lui-même n'a-t-il pas travesti plus d'une fois, dans ses dialogues, l'éminente raison d'un sage aux yeux duquel la philosophie ne se recommandait que par son application directe à la morale pratique? Aussi Socrate, après avoir pris connaissance de l'un de ces traités où il figurait comme interlocuteur, s'écria : « Oh ! « les plaisantes choses que ce jeune homme « me fait dire ! »

L'éducation de la jeunesse française n'étant pas aussi essentiellement *conservatrice* de notre régime constitutionnel que nous le souhaiterions, il appartient aux hommes qui ont la direction de l'enseignement d'être positifs dans les principes moraux et religieux, dont la transmission importe à la paix publique. L'anarchie, en cet ordre d'idées, nous conduirait à un autre genre d'anarchie subversif de l'ordre social. Nous l'avons dit, nous le dirons encore : nous tenons la tyrannie impossible avec la forme actuelle de notre gouvernement, mais non l'anarchie, qui en serait bientôt la ruine.

Terminons cet écrit par une citation qui nous semble opportune.

« Je sais que d'excellents hommes, et « bien intentionnés, soutiennent que ces « opinions théoriques ont moins d'influence « dans la pratique qu'on ne pense, et je sais « aussi qu'il y a des personnes d'un excel-« lent naturel à qui ces opinions ne feront « jamais rien faire d'indigne d'elles ; comme « d'ailleurs ceux qui sont venus à ces er-« reurs par la spéculation ont coutume « d'être plus naturellement éloignés des vi-« ces dont le commun des hommes est sus-« ceptible, outre qu'ils ont soin de la di-« gnité de la secte où ils sont comme des « chefs, l'on peut dire qu'Épicure et Spi-« nosa, par exemple, ont mené une vie « tout à fait exemplaire. Mais ces raisons « cessent le plus souvent dans leurs disci-« ples ou imitateurs, qui, se croyant déchar-« gés de l'importune crainte d'une provi-« dence surveillante et d'un avenir mena-« çant, lâchent la bride à leurs passions « brutales, et tournent leur esprit à sé-« duire et à corrompre les autres ; et, s'ils « sont ambitieux et d'un naturel un peu « dur, il seront capables, pour leur plaisir « ou avancement, de mettre le feu aux qua-« tre coins de la terre, comme j'en ai connu « de cette trempe, que la mort à enlevés. « Je trouve même que des opinions appro-« chantes, s'insinuant peu à peu dans l'es-« prit des hommes du grand monde, qui rè-« glent les autres et dont dépendent les af-« faires, et se glissant dans les livres à la « mode, disposent toutes choses à la révo-« lution générale dont l'Europe est mena-« cée, et achèvent de détruire ce qui reste « encore dans le monde de sentiments gé-« néreux (1). »

Est-ce un organe du *parti conservateur?* est-ce un ennemi des recherches philosophiques qui a tracé ces lignes ? Si elles ont le mérite de l'à-propos, à qui en sommes-nous redevables? A l'un des penseurs les plus profonds du xviie siècle, à Leibnitz! Qu'eût-ce été si, au lieu de parler aux hommes de son temps, il avait eu sous les yeux la direction d'études dans laquelle on pousse, au moins prématurément, la jeunesse actuelle! Ne serait-il pas sage d'attendre que ces têtes, mûries par quelque expérience des choses de la vie, pussent juger et les livres et les systèmes?

Un écrit bien remarquable de style, et qui se recommande par le nom de son auteur (1), nous oblige à garder encore la plume pendant quelques instants. Le brillant orateur, n'attendant pas que la tribune de la chambre élective lui fût rouverte, blâme tout ce qui, sous des rapports législatifs, politiques ou administratifs, s'est effectué en France depuis douze années révolues. Nous n'examinerons pas s'il s'y est associé, soit par ses votes, soit par des opinions bien souvent admirées du public. Il n'en est pas moins vrai que cet écrit renferme, de fait, une accusation directe contre le *parti conservateur*; par conséquent, il provoque notre réponse.

Il viendra sans doute, et nous devons l'espérer, une époque où, cessant d'avoir en face des adversaires systématisés, les *conservateurs* pourront jusqu'à un certain point modifier leur conduite. Alors il leur sera loisible d'aviser, dans notre ordre public, à des améliorations qui, réclamées aujourd'hui à son de trompe, ne seraient qu'une brèche faite à la monarchie constitutionnelle.

Envisagez, en effet, l'opposition telle qu'elle se comporte. Sans la décomposer dans ses éléments hétérogènes, sans la poursuivre dans ses fractions minimes, nous y avons déjà remarqué deux partis principaux dont l'alliance révèle une pensée qui, pour personne, n'est un secret. Qu'est-ce que demandent les écrivains qui leur appartiennent? Que veulent leurs orateurs les plus distingués, parmi lesquels nous aurons la justice de reconnaître quelques hommes de talent, ce qui est assez commun aujourd'hui; et, ce qui est malheureusement plus rare, quelques hommes d'une bonne conscience? L'abolition de tout ce qui, depuis la révolution de juillet, a sauvé l'ordre social en France, est le but déclaré de presque toutes leurs attaques ! En vain ils le nieraient.

Nous leur dirons : « Avant de soutenir que ces mesures, suivant nous salutaires, ont été ou sont devenues inutiles, ayez le courage de regarder le passé et de donner un coup d'œil au moment présent, tel qu'il est, même avec l'amélioration que la Providence y a permise! ayez souvenir des *jour-*

nées de juin*, des *journées d'avril*, des assassinats *Fieschi*, *Meunier* et autres, des deux procès *Barbès* (*V.* ces mots)? ayez souvenir des écrits répandus à vil prix dans le peuple, dans l'armée, dans les estaminets et dans les cabinets de lecture! Hommes de bonne foi (et nous en connaissons parmi vous), songez aux conséquences des destructions que vous projetez! Puisque vous nous forcez d'y revenir, commençons par les lois de septembre, que nous crûmes devoir appeler au secours d'une société menacée de dissolution.

« A une chambre entière, à la pairie, composée au moins de cent cinquante magistrats, dont les délibérations et les votes individuels ne seront jamais un secret, et qui ont une responsabilité d'honneur à défendre dans le jugement des attentats auxquels la presse politique aurait pu coopérer, vous voulez substituer le verdict de douze hommes pris au hasard, souvent illettrés, susceptibles d'intimidation, menacés par les partis, par le pouvoir peut-être, dans leur commerce, dans leur industrie, dans leur famille, et dont la responsabilité morale quelquefois est nulle? Auriez-vous oublié qu'en certains cas les journaux ont donné le nom de leurs rues et le numéro de leurs maisons? Vous nous parlez sans cesse d'indépendance : est-ce là que vous la trouverez?

« Vous demandez l'abolition de la loi de la régence, par laquelle est assurée la stabilité du trône dans la même race, pour livrer cette même régence aux brigues et aux orages d'une élection qui pourrait devenir une occasion de guerre civile ! Ce qui s'est passé en Espagne vous serait donc échappé de la mémoire? Vos vœux tendraient-ils à nous donner un Espartero?

« Bien que deux fois le centre de notre gouvernement ait été envahi par des armées étrangères; bien que, par suite de ces invasions, deux fois le gouvernement né de la volonté du pays ait été renversé, vous fulminez contre des travaux destinés à mettre la capitale à l'abri d'un coup de main; vous y voyez nos compatriotes près d'être mitraillés ou bombardés par les ordres d'une administration française, surveillée par un

(1) L'écrit dont il est question, et qui a paru dans divers journaux, appartient à M. de Lamartine, député de Mâcon.

parlement français : ceci nous conduit à nous rappeler que certains journaux en ont dit tout autant, lorsque, dans une simple mesure de décence, on détacha d'un usage public une mince portion du jardin des Tuileries, contiguë aux croisées du château royal. A les croire, Louis-Philippe, dans les intentions les plus sinistres, allait s'entourer de redoutes et de bastions, du haut desquels il foudroierait à plaisir le bon peuple de Paris ! Quant aux forts détachés, à l'enceinte fortifiée et à l'usage qu'on en pourrait faire, vos craintes nous étonnent. Ne vous avons-nous pas déjà dit que, dans des jours de triste mémoire, quand on avait voulu parquer des victimes désignées, un simple mur d'octroi avait suffi à cette œuvre ? Mais vous oubliez tout !

« Vous réclamez des adjonctions aux listes électorales : le besoin s'en fait-il sentir ? Le pays n'est-il pas tellement saturé d'élections qu'un grand tiers des inscrits n'y prennent aucune part ? Est-il d'ailleurs des intérêts qui ne soient pas représentés ? Ne trouvez-vous pas que des intérêts contraires à notre loi fondamentale aient déjà la voix assez haute ? En fait, à qui voulez-vous conférer le droit d'élection ? Quelques personnes très honorables exceptées, à des hommes par position peu soucieux de stabilité. Des professeurs sans élèves, des avocats sans causes, des médecins sans malades, défendraient-ils avec courage un ordre de choses dont ils croiraient avoir à se plaindre ? Au reste, c'est une question de temps. Quand notre régime constitutionnel sera affermi sur ses bases, quelques milliers d'électeurs pourront figurer en plus sur les listes, sans inconvénients. Aujourd'hui, l'expérience étant très hasardeuse, le plus sage est de s'abstenir. »

Une partie prépondérante de l'opposition veut les jésuites, et nous n'en voulons pas. Nos motifs, tout le monde les connaît ? Le scandale ne nous plaît pas assez pour les retracer ici, et un sentiment de pudeur nous interdit de fouiller dans les livres (1) que le collége de Fribourg met entre les mains de ses élèves, dont un certain nombre appartient à des familles qualifiées de France. Nous tenons l'existence des jésuites, épars ou non, mais formant toujours un corps de société soumise à un chef unique, indépendant, et en dehors de l'État, pour être incompatible avec nos principaux établissements publics, au sort desquels le sort de notre révolution est lié d'une manière absolue. Conservateurs, notre devoir est d'écarter ces hommes de l'enseignement, qui n'est, qui ne sera jamais interdit aux prêtres de l'ordinaire. Ce ne sont pas des individus que nous repoussons, individus parmi lesquels il s'en trouve sans doute de très honorables; mais c'est une institution, ce sont ses principes éternellement vivaces et signalés par tant d'orages, depuis Louis XIV jusqu'à nos jours, que nous repoussons de toute la force de nos moyens !

Dans le désir d'infirmer le contenu de cet écrit, on sera prêt à nous objecter que nous remplissons des fonctions publiques. Oui, nous appartenons au conseil d'État, mais nous appartenons encore plus à notre pays, dont jadis nous avons défendu la cause avec quelque courage, cause qui, dans notre intime conviction, succomberait avec le trône fondé en 1830. Or, celui-ci aurait certainement pour ou contre lui les jésuites : et, dans les deux cas, il serait en péril; l'événement l'a plus d'une fois prouvé.

En paraissant dans le *Dictionnaire de la Conversation*, terrain neutre ouvert à toutes les opinions littéraires, philosophiques et politiques, nous n'avons fait qu'user d'un droit dont il importe seulement de ne pas abuser. Nos fonctions resteront donc en dehors du débat. Eh, bon Dieu ! ne serait-ce pas un principe de gouvernement fort extraordinaire que celui qui interdirait au pouvoir de conférer les emplois publics aux hommes qui lui sont venus en aide dans les jours difficiles ! et ne serait-il pas intolérable que ceux-ci, après avoir assisté à sa fondation, ne pussent le défendre sur le champclos où il est l'objet d'attaques souvent dirigées avec adresse et soutenues de noms célèbres !

KÉRATRY.

---

(1) Voyez le COMPENDIUM THEOLOGIÆ MORALIS, extrait du R. P. Liguori, par le professeur Mullet, imprimé à Fribourg, chez Antoine Labastron, pour l'usage des élèves en théologie, 2 vol. in-8, 1834. Nous ne connaissons rien de plus dissolu, de plus immoral que ce COMPENDIUM.

SAINT-DENIS. — IMPRIMERIE DE PREVOT ET DROUARD.